묵상을 통한 주제별

60구절 공부

(개역개정판)

네비게이토 선교회는
국제적이며 복음적인 기독교 기관이다.
예수 그리스도께서는 자기를 따르는 자들에게
“너희는 가서 모든 족속으로 제자를 삼으라”
(마태복음 28:19)는 지상사명을 주셨다.
네비게이토 선교회는 세계 모든 국가에서
예수 그리스도의 일꾼들을 배가시켜
이 지상사명의 성취를 돕는 것을
근본 목표로 하고 있다.

네비게이토 출판사는
네비게이토 선교회의 문서 선교를 담당하고 있다.
본 출판사에서는 그리스도인의 영적 성장을 돕는
서적과 자료들을 출판하여,
그리스도인의 삶의 기초가 견고한
헌신된 제자로 성장하게 하고,
나아가 성숙한 인격과 지도력을 갖춘
일꾼이 되도록 돕고 있다.

묵상을 통한 주제별
60구절 공부
(개역개정판)

네비게이토 출판사
TO KNOW CHRIST AND TO MAKE HIM KNOWN

차 례

시작하기에 앞서

주제별 성경 암송 60구절을 틀리지 않고 정확하게 암송한다고 해서 만족할 수는 없습니다. 더욱 중요한 것은 암송한 말씀을 잘 이해하고 그 말씀을 개인의 삶과 사역에 효과적으로 활용할 수 있는 수준이 되어야 하는 것입니다. 이를 위해서는 **묵상과 적용 중심의 성경공부**가 큰 도움이 될 것입니다.

시작하기에 앞서, 다음 몇 가지 사항을 유의하여 읽어 보시기 바랍니다.

첫째, 본 교재는 먼저 **주제별 성경 암송 60구절을 완전히 암송한 후**에 공부해야 합니다.

둘째, 본 교재는 **개인 교제 시에 사용하도록 만든 것입니다**. 그룹 공부를 통해 할 수도 있겠지만 개인 교제에서 활용하는 것이 더욱 효과적입니다.

셋째, 각 질문들은 본문 구절을 좀 더 깊이 있게 이해하는 데 도움이 되도록 제시한 것입니다. 그러므로 질문들에 대한 답을 쓸 때에는 **암송한 본문 구절의 내용과 직접 연관된 답을 써야 합니다.**

넷째, 각 구절에 대한 질문을 만들 때 여러 단체와 모임에서 서로 이해를 달리할 수 있는 예민한 내용들은 가능한 한 다루지 않았습니다. 본 교재에서 다루지 않은 많은 질문들은 개인 교제 시의 성경공부 인도자가 별도의 질문을 만들어 성경공부를 인도할 수 있습니다.

다섯째, 각 과의 맨 끝에 있는 '외워 쓰기'난은 해당 암송 구절을 보지 않고 외워 써볼 수 있도록 마련한 것입니다. 외워 쓴 것을 서로 점검해 봄으로써 각자의 암송을 더욱 확실하게 할 수 있을 것입니다.

여섯째, 주제별 성경 암송 60구절 후반부인 시리즈 D 및 시리즈 E의 각 구절에 대하여는 번호만 있는 질문란이 제시되어 있습니다. 이것은 당신 자신이 스스로의 묵상을 위한 질문을 만들어 보고 그것에 답해 봄으로써 개인적인 묵상을 발전시키는 훈련을 하도록 만든 것입니다.

일곱째, 각 구절에 대한 공부를 할 때는,

1. 본문 구절 암송 점검
2. 질문들에 대한 공부와 적용
3. 본문 구절 외워 쓰기를 통한 암송 재점검

의 순서로 하시기 바랍니다.

여덟째, 성경공부 분량은 한 번의 개인 교제 시에 한 구절씩 공부하는 것이 효과적입니다.

"복 있는 사람은 악인들의 꾀를 따르지 아니하며 죄인들의 길에 서지 아니하며 오만한 자들의 자리에 앉지 아니하고, 오직 여호와의 율법을 즐거워하여 그의 율법을 주야로 묵상하는도다. 그는 시냇가에 심은 나무가 철을 따라 열매를 맺으며 그 잎사귀가 마르지 아니함 같으니, 그가 하는 모든 일이 다 형통하리로다." (시편 1:1-3)

시리즈 A.

새로운 삶

중심되신 그리스도

그리스도께 순종

말 씀

기 도

교 제

증 거

중심되신 그리스도

고린도후서 5:17

그런즉 누구든지 그리스도 안에 있으면 새로운 피조물이라. 이전 것은 지나갔으니, 보라 새것이 되었도다.

고린도후서 5:17

A-1 새로운 삶

1. '그런즉'과 연관된 앞의 내용은 무엇입니까?

2. '누구든지'에는 당신도 포함됩니까?

3. 우리가 어떻게 그리스도 안에 있게 됩니까?

4. '새로운 피조물'이 되었다는 것은 다음 중 어떤 것입니까?
   (1) 새로운 각오
   (2) 더욱 계발된 인격

(3) 좀 더 나은 종교적인 삶
(4) 더욱 발전된 삶으로의 개선과 개량
(5) 새로운 영적 탄생

5. '이전 것은 지나갔으니'는 무슨 의미입니까?

6. '이전 것이 지나갔다'는 말은 앞으로 죄를 전혀 짓지 않게 된다는 뜻입니까?

7. 당신 스스로가 생각하는 자기의 신분과 하나님께서 보시는 자기의 신분 중 어느 것이 옳습니까? 왜 그렇습니까?

[외워 쓰기]

중심되신 그리스도

갈라디아서 2:20

내가 그리스도와 함께 십자가에 못 박혔나니, 그런즉 이제는 내가 사는 것이 아니요 오직 내 안에 그리스도께서 사시는 것이라. 이제 내가 육체 가운데 사는 것은 나를 사랑하사 나를 위하여 자기 자신을 버리신 하나님의 아들을 믿는 믿음 안에서 사는 것이라.

갈라디아서 2:20

A-2 새로운 삶

1. 예수님께서 십자가에 못 박히실 때 두 강도 외에는 함께 못 박힌 사람이 없었습니다. 그렇다면 바울이 그리스도와 함께 십자가에 못 박혔다고 한 것은 무슨 뜻입니까?

2. 당신도 그리스도와 함께 십자가에 못 박혔다는 것을 인정할 수 있습니까?

3. '이제는 내가 사는 것이 아니요 오직 내 안에 그리스도께서 사시는 것이라'는 말씀을 쉽게 설명해 보십시오.

4. 당신은 이제 그리스도인의 삶을 어떻게 살아야 한다고 생각합니까?

5. 갈라디아서 2:20 말씀을 통하여 새롭게 깨닫게 된 것은 무엇입니까?

[외워 쓰기]

그리스도께 순종

로마서 12:1

그러므로 형제들아, 내가 하나님의 모든 자비하심으로 너희를 권하노니, 너희 몸을 하나님이 기뻐하시는 거룩한 산 제물로 드리라. 이는 너희가 드릴 영적 예배니라.

로마서 12:1

A-3 새로운 삶

1. '그러므로'는 앞에 기록된 어떤 진리의 내용과 연결되어 있습니까?

2. 우리를 권면할 때 왜 '모든 자비하심으로' 권한다고 하였습니까?

3. 이 말씀에서 하나님께서는 무엇을 기뻐 받으신다고 하였습니까?

4. '거룩한 산 제물'로 드린다는 것은 무슨 뜻입니까?

5. 영적 예배를 드리는 데에 있어서 당신 개인에게 방해가 되는 것은 무엇입니까? 이에 대한 당신의 실제적인 적용은 무엇입니까?

죄로 말미암아 영원히 죽을 수밖에 없었던 우리를 위하여 죄 없으신 예수님께서 자기의 거룩한 몸을 십자가에서 희생하여 주심으로 우리가 구원받게 되고 의롭다 함을 얻게 되었습니다. 이제 우리는 우리의 몸으로 그리스도께서 기뻐하시는 헌신적인 순종의 삶을 살아야 합니다.

[외워 쓰기]

그리스도께 순종

요한복음 14:21

나의 계명을 지키는 자라야 나를 사랑하는 자니, 나를 사랑하는 자는 내 아버지께 사랑을 받을 것이요 나도 그를 사랑하여 그에게 나를 나타내리라.

요한복음 14:21

A-4 새로운 삶

1. 우리가 그리스도를 사랑하는 증거는 무엇입니까?

2. 그리스도께서는 어떤 사람에게 자신을 나타내신다고 하셨습니까?

3. 예수님께서 '나를 나타내리라'고 하신 말씀은 무슨 뜻이라고 생각합니까?

수많은 사람들이 하나님을 사랑한다고 쉽게 말합니다. 그러나 순종하는 사람은 적습니다.

[외워 쓰기]

말 씀

디모데후서 3:16

모든 성경은 하나님의 감동으로 된 것으로, 교훈과 책망과 바르게 함과 의로 교육하기에 유익하니.

디모데후서 3:16

A-5 새로운 삶

1. 성경 말씀이 하나님의 감동으로 되었다는 것은 무슨 뜻입니까? (베드로후서 1:20-21, 고린도전서 2:13, 예레미야 30:1-2, 이사야 30:8을 참조하십시오.)

2. 성경 말씀은 우리에게 어떤 유익을 줍니까?
   (1)

   (2)

   (3)

   (4)

3. 각 유익점의 의미를 설명해 보십시오.

하나님께서는 이처럼 권위 있고 가치 있는 말씀을 당신 자신을 위하여 쓰셨습니다. 그러므로 당신은 매일의 삶에서 순종을 통해 이 말씀의 가치를 경험해야 합니다.

[외워 쓰기]

말 씀

여호수아 1:8

이 율법책을 네 입에서 떠나지 말게 하며 주야로 그것을 묵상하여 그 안에 기록된 대로 다 지켜 행하라. 그리하면 네 길이 평탄하게 될 것이며 네가 형통하리라.

여호수아 1:8

A-6 새로운 삶

1. '네 입에서 떠나지 말게 하며'는 어떻게 하는 것입니까?

2. 말씀을 묵상하라는 것은 하나님의 명령입니다. 당신은 성경을 단순히 읽고 지나칩니까, 아니면 말씀을 깨닫기 위해 묵상하는 시간을 충분히 갖고 있습니까?

3. 올바른 묵상은 우리의 삶에 어떤 결과로 나타나야 합니까?

4. 말씀을 순종하는 사람에게 대한 하나님의 약속은 무엇입니까?

묵상에는 여러 가지 방법들이 있습니다. 당신의 영적 지도자에게 당신의 수준에 맞는 묵상 방법을 배우십시오.

[외워 쓰기]

기 도

요한복음 15:7
너희가 내 안에 거하고 내 말이 너희 안에 거하면 무엇이든지 원하는 대로 구하라. 그리하면 이루리라.

요한복음 15:7

A-7 새로운 삶

1. 예수님 안에 거한다는 것은 어떻게 하는 것입니까?

2. 말씀이 우리 안에 거한다는 것은 무슨 의미입니까?

3. 우리의 기도에 대하여 예수님께서는 어떤 약속을 해주셨습니까?

4. 예수님 안에 거하며 말씀이 그 안에 거하는 사람의 기도는 무엇이든지 응답된다고 했는데, 그런 사람이 구하는 '무엇이든지'는 어떤 내용의 기도이겠습니까? 맞는 답들에 표시하십시오.
   (1) 자기의 정욕을 따라 기도한다.
   (2) 자기의 영광을 위하여 기도한다.
   (3) 불가능하게 보이는 것도 기도한다.
   (4) 하나님을 자기 뜻에 굴복시키려는 태도로 기도한다.
   (5) 하나님의 뜻에 따라 기도한다.

[외워 쓰기]

기 도

빌립보서 4:6-7
아무것도 염려하지 말고 다만 모든 일에 기도와 간구로 너희 구할 것을 감사함으로 하나님께 아뢰라. 그리하면 모든 지각에 뛰어난 하나님의 평강이 그리스도 예수 안에서 너희 마음과 생각을 지키시리라.

빌립보서 4:6-7

A-8 새로운 삶

1. 우리가 기도할 때 염려하지 말고 오히려 감사함으로 기도해야 하는 이유는 무엇입니까?

2. '모든 지각에 뛰어난 하나님의 평강'이란 무엇입니까? 이와 같은 평강을 경험한 사람의 예를 성경에서 찾아보십시오.

3. 이 구절에서 하나님께서는 우리에게 기도에 대하여 어떤 약속을 주셨습니까?

4. 당신의 기도 생활에서 큰 평강을 누린 경험이 있으면 적어 보십시오.

[외워 쓰기]

교 제

마태복음 18:20

두세 사람이 내 이름으로 모인 곳에는 나도 그 들 중에 있느니라.

마태복음 18:20

A-9 새로운 삶

1. '내 이름으로 모인다'는 것은 어떻게 하는 것입니까?

2. 교제에 대한 예수님의 약속은 무엇입니까?

3. 예수님께서 함께하시는 교제에서 당신이 누릴 수 있는 축복들은 무엇이라고 생각합니까?

[외워 쓰기]

교 제

히브리서 10:24-25
서로 돌아보아 사랑과 선행을 격려하며, 모이기를 폐하는 어떤 사람들의 습관과 같이 하지 말고, 오직 권하여 그날이 가까움을 볼수록 더욱 그리하자.

히브리서 10:24-25

A-10 새로운 삶

1. 교제에서 우리가 해야 할 일은 무엇입니까?

2. '모이기를 폐하게' 되는 요인들은 무엇이라고 생각합니까?

3. '그날이 가까움'을 본다는 것은 무슨 의미입니까?

4. 다음에 열거한 교제와 연관된 내용을 읽고 현재 당신 자신에게 해당되는 것에 표시해 보십시오.
   (1) 다른 사람의 필요를 민감히 살펴 섬긴다.
   (2) 교제에 우선순위를 둔다.
   (3) 모임에 빠짐없이 참석하기만 한다.
   (4) 자기보다 남을 낫게 여긴다.
   (5) 투명하고 개방적인 마음으로 임한다.
   (6) 시간의 대부분을 다과와 즐거운 대화로 보낸다.

(7) 전체 목표에 동일시한다.
(8) 영적 지도자를 인정한다.
(9) 모임의 분위기가 자기 취향에 맞게 이끌어지기만을 원한다.
(10) 다른 사람의 권면을 기쁨으로 받는다.
(11) 의무와 권리를 균형 있게 사용한다.
(12) 특이한 말, 행동, 표정 등으로 다른 사람으로부터 관심을 끌려고 애쓴다.
(13) 겸손히 배우고자 하는 자세를 갖는다.
(14) 모든 일에 연합된 마음으로 임한다.
(15) 조용히 앉아 있다가 간다.
(16) 다른 사람을 필요로 한다.
(17) 조금만 바쁘면 자주 교제에 빠진다.
(18) 모임이 시작된 후 늦게 문을 열고 들어감으로 모든 시선이 자기에게 집중되도록 한다.
(19) 모일 때마다 어렵다고 여러 핑계를 대다가 결국 참석한다.
(20)
(21)

이에 대한 당신의 적용은 무엇입니까?

[외워 쓰기]

증 거

마태복음 4:19
말씀하시되, 나를 따라오라 내가 너희를 사람을 낚는 어부가 되게 하리라 하시니.

마태복음 4:19

A-11 새로운 삶

1. 누가 이 말씀을 하셨습니까?

2. 어떻게 하는 것이 예수님을 따라가는 것입니까?

3. 고기 낚는 어부와 사람 낚는 어부에 대하여 각각 생각해 보고 당신의 묵상을 적어 보십시오.

고기 낚는 어부	사람 낚는 어부
(1) 고기가 있는 곳으로 간다.	(1) 사람이 있는 곳으로 간다.
(2)	(2)
(3)	(3)
(4)	(4)

4. 이 구절에서, 우리가 할 일은 무엇이며, 예수님께서 하실 일은 무엇입니까?

5. 그렇다면 당신은 사람 낚는 어부가 되기 위하여 어떤 결심을 해야 되겠습니까? 또 당신의 구체적인 적용은 무엇입니까?

[외워 쓰기]

증 거

로마서 1:16

내가 복음을 부끄러워하지 아니하노니, 이 복음은 모든 믿는 자에게 구원을 주시는 하나님의 능력이 됨이라. 먼저는 유대인에게요 그리고 헬라인에게로다.

로마서 1:16

A-12 새로운 삶

1. 당신은 어떤 경우에 복음을 부끄러워하는 경험을 해보았습니까?

2. 복음에는 어떤 가치가 있기에 부끄러워하지 말고 오히려 자랑해야 합니까?

3. 누구에게 하나님께서는 구원의 능력을 베푸십니까?

4. 당신은 이 자랑스러운 복음을 금주 내에 누구에게 전하겠습니까?

[외워 쓰기]

시리즈 B.

그리스도를 전파함

모든 사람이 죄를 범함

죄의 형벌

그리스도가 형벌을 받음

선행으로 구원받지 못함

그리스도를 모셔야 함

구원의 확신

모든 사람이 죄를 범함

로마서 3:23
모든 사람이 죄를 범하였으매 하나님의 영광에 이르지 못하더니.

로마서 3:23

B-1 그리스도를 전파함

1. 모든 사람이 죄를 범하였다고 했는데, 모든 사람 속에는 당신도 포함됩니까?

2. 죄를 범한 결과는 무엇입니까?

3. '하나님의 영광에 이르지 못하더니'는 무슨 뜻입니까?

4. 하나님의 영광에 이르지 못한 사람들의 상태를 열거하여 보십시오.

[외워 쓰기]

모든 사람이 죄를 범함

이사야 53:6

우리는 다 양 같아서 그릇 행하여 각기 제 길로 갔거늘, 여호와께서는 우리 모두의 죄악을 그에게 담당시키셨도다.

이사야 53:6

B-2 그리스도를 전파함

1. 목자 없는 양과 하나님을 모르는 인간의 공통점은 무엇이라고 생각합니까?

2. 그릇 행하여 각기 제 길로 간 죄악의 내용들을 열거해 보십시오.

3. 하나님께서는 우리의 죄악을 누구에게 담당시키셨습니까?

[외워 쓰기]

죄의 형벌

로마서 6:23
죄의 삯은 사망이요, 하나님의 은사는 그리스도 예수 우리 주 안에 있는 영생이니라.
로마서 6:23

B-3 그리스도를 전파함

1. 죄의 대가는 무엇입니까?

2. 다음에 열거된 성경 구절들을 찾아보고 당신이 발견한 사망의 의미가 무엇인지를 설명해 보십시오. (로마서 5:12, 에베소서 2:1-3, 4:18, 히브리서 9:27, 요한계시록 20:14, 21:8)

3. 죄의 삯은 사망이라는 말씀과 예수님께서 십자가에서 죽으신 사실과는 어떤 연관이 있다고 생각합니까?

4. 우리가 그리스도 예수 안에서 받을 수 있는 하나님의 선물은 무엇입니까?

[외워 쓰기]

죄의 형벌

히브리서 9:27

한 번 죽는 것은 사람에게 정해진 것이요, 그 후에는 심판이 있으리니.

히브리서 9:27

B-4 그리스도를 전파함

1. 이 구절에서 죄의 결과로 오는 두 가지 사실은 무엇입니까?

2. 당신은 위의 두 가지 사실을 모두 인정합니까?

사람이 한 번 죽는 것은 우리가 이 세상에서 경험하고 있는 것이므로 누구나 쉽게 인정합니다. 그러나 심판에 대해서는 인정하지 않는 사람이 있습니다. 하나님께서는 한 말씀 안에서 사실과 거짓을 동시에 말씀하실 수 없습니다. 앞의 사실을 인정한다면 뒤의 사실도 인정해야 합니다.

[외워 쓰기]

그리스도가 형벌을 받음

로마서 5:8

우리가 아직 죄인 되었을 때에 그리스도께서 우리를 위하여 죽으심으로 하나님께서 우리에 대한 자기의 사랑을 확증하셨느니라.

로마서 5:8

B-5 그리스도를 전파함

1. 우리가 어떤 상태에 있을 때에 예수님께서 우리를 위하여 죽으셨습니까?

2. 당신은 다른 사람을 위하여 자신을 희생하는 것이 쉬운 일이라고 생각합니까? 더욱이 그가 죽을 수밖에 없는 죄인일 경우, 그에 대한 당신의 태도는 어떠하겠습니까?

3. 예수님께서 당신을 사랑하신다는 사실을 당신은 어떻게 확신할 수 있습니까?

[외워 쓰기]

그리스도가 형벌을 받음

베드로전서 3:18

그리스도께서도 단번에 죄를 위하여 죽으사 의인으로서 불의한 자를 대신하셨으니, 이는 우리를 하나님 앞으로 인도하려 하심이라. 육체로는 죽임을 당하시고 영으로는 살리심을 받으셨으니.

베드로전서 3:18

B-6 그리스도를 전파함

1. 죄 없으신 예수님께서 왜 십자가에서 죽으셔야만 했습니까?

2. 영광스러운 자리를 대신하는 것은 쉽습니다. 그러나 자기 생명을 희생해야만 하는 자리를 대신하는 것은 엄청난 사랑이 아니고는 불가능합니다. 예수님께서 당신의 죄를 위하여 대신 죽으신 것에 대해 당신은 어떤 태도를 가져야 하겠습니까?

3. 예수님께서 우리 죄를 위하여 죽으셨을 뿐만 아니라 또한 부활하
심으로 인하여 우리에게 온 결과는 무엇입니까?

[외워 쓰기]

선행으로 구원받지 못함

에베소서 2:8-9

너희는 그 은혜에 의하여 믿음으로 말미암아 구원을 받았으니, 이것은 너희에게서 난 것이 아니요 하나님의 선물이라. 행위에서 난 것이 아니니, 이는 누구든지 자랑하지 못하게 함이라.

에베소서 2:8-9

B-7 그리스도를 전파함

1. 우리가 받은 '그 은혜'는 어떠한 은혜입니까?

2. 왜 인간의 행위로는 구원을 받을 수 없습니까?

3. 당신이 구원을 얻기 위해 해야 할 것은 무엇입니까?

어느 마을에 한 사람이 살고 있었습니다. 그는 오늘도 생활비를 벌기 위하여 일을 하러 나가야만 했습니다. 그러나 막상 일터에 도착했을 때 그는 아무 일도 할 수 없을 만큼 심하게 몸이 아팠습니다. 그래서 그는 일터의 모퉁이에 누워 하루 종일 쉴 수밖에 없었습니다.

그러나 해가 저무는 저녁에 그 일터의 주인은 일을 전혀 하지 아니한 이 사람에게도 품삯을 주었습니다. 그는 이 선물에 대해서 감격하였습니다. 그는 마을로 돌아오면서 만나는 사람마다 이 선물을 준 은혜로운 주인을 자랑하였습니다.

[외워 쓰기]

선행으로 구원받지 못함

디도서 3:5

우리를 구원하시되 우리가 행한바 의로운 행위로 말미암지 아니하고, 오직 그의 긍휼하심을 따라 중생의 씻음과 성령의 새롭게 하심으로 하셨나니.

디도서 3:5

B-8 그리스도를 전파함

1. 사람들이 구원받기 위하여 스스로 시도하는 의로운 행위들은 어떤 것들입니까?

2. 이러한 인간의 의로운 행위로 말미암아 구원을 받을 수 있습니까?

3. 긍휼이 풍성하신 하나님께서 우리를 근본적으로 변화시켜 주시기 위하여 무엇을 해주셨습니까?

[외워 쓰기]

그리스도를 모셔야 함

요한복음 1:12
영접하는 자 곧 그 이름을 믿는 자들에게는 하나님의 자녀가 되는 권세를 주셨으니.
요한복음 1:12

B-9 그리스도를 전파함

1. 이 말씀에 의하면 어떻게 하는 것이 예수님을 믿는 것입니까?

2. 예수님을 영접하면 우리는 어떤 신분을 얻게 됩니까?

3. 하나님의 자녀가 누릴 수 있는 권세는 무엇입니까? 당신이 알고 있는 바를 적어 보십시오.

이전에는 우리가 죄로 말미암아 하나님 앞에 원수로 살아왔습니다. 그러나 이제 우리가 단순히 믿음으로 예수 그리스도를 마음에 모셔 들임으로써, 하나님께서는 원수 되었던 우리를 죄에서 용서하여 주시고 하나님의 자녀로 삼아 주셨습니다. 그 사랑이 얼마나 큰지를 묵상하고 주님께 감사드립시다.

[외워 쓰기]

그리스도를 모셔야 함

요한계시록 3:20

볼지어다. 내가 문밖에 서서 두드리노니, 누구든지 내 음성을 듣고 문을 열면 내가 그에게로 들어가 그와 더불어 먹고 그는 나와 더불어 먹으리라.

요한계시록 3:20

B-10 그리스도를 전파함

1. 예수님께서 두드리고 계신 문은 어떤 문입니까?

2. 마음의 문을 연다는 것은 무엇을 의미합니까?

3. 예수님과 당신이 서로 더불어 먹는다는 것은 무슨 뜻입니까?

4. 만일 당신이 아직도 문을 열고 주님을 모신 경험이 없다면 지금 어떻게 해야 되겠습니까?

[외워 쓰기]

구원의 확신

요한일서 5:13

내가 하나님의 아들의 이름을 믿는 너희에게 이것을 쓰는 것은 너희로 하여금 너희에게 영생이 있음을 알게 하려 함이라.

요한일서 5:13

B-11 그리스도를 전파함

1. 이 구절에서 당신이 발견할 수 있는, 말씀 기록의 목적이 무엇입니까?

2. 영생을 얻는 것에 대한 여러 생각들 중 옳은 것은 무엇입니까?
   (1) 우리는 확신할 수 없다.
   (2) 최선을 다할 뿐이다.
   (3) 하나님 앞에 가봐야 안다.
   (4) 확실히 알 수 있다.
   (5) 예수님을 믿는 것 외에도 다른 방법이 있다.
   (6) 양심껏 살면 된다.

3. 영생을 얻은 것을 확신하는 데 도움을 주는, 당신이 알고 있는 다른 성경 구절들을 적어 보십시오.

4. 당신은 지금 구원의 확신이 있습니까? 또 그 근거는 무엇입니까?

[외워 쓰기]

구원의 확신

요한복음 5:24
내가 진실로 진실로 너희에게 이르노니, 내 말을 듣고 또 나 보내신 이를 믿는 자는 영생을 얻었고 심판에 이르지 아니하나니 사망에서 생명으로 옮겼느니라.

요한복음 5:24

B-12 그리스도를 전파함

1. 믿지 않는 사람은 어떤 상태에 있습니까?

2. 이 구절에서 영생을 얻기 위해 듣고 믿는 것 외에 다른 방법을 언급한 것이 있습니까?

3. 믿는 자에게 있어서 영생은 현재 얻은 것입니까, 아니면 앞으로 얻도록 약속된 것입니까?

4. 아래의 그림에 믿기 전의 상태와 믿은 후의 상태를 적고 비교해 보십시오.

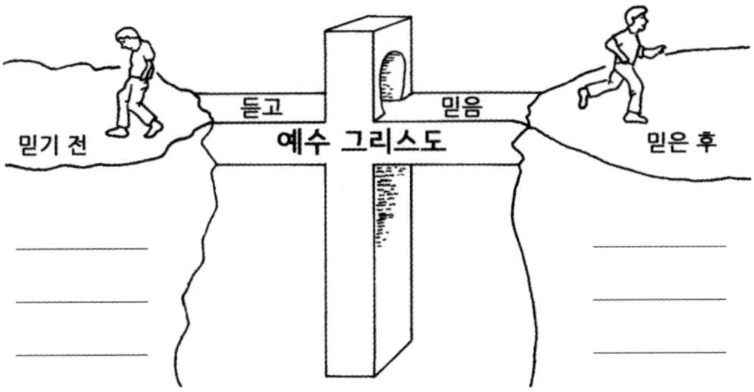

5. 당신은 지금 어느 쪽에 있습니까? 어떤 변화가 있어야 되지 않겠습니까?

[외워 쓰기]

'그리스도를 전파함' 12구절은 당신이 복음을 전하는 데 실제적인 도움을 주는 구절들입니다. 당신이 평소에 관심을 가지고 있는 전도 대상의 이름을 적고 그들에게 그리스도를 증거할 계획을 기도하는 마음으로 세워 보십시오.

시리즈 C.

하나님을 의뢰함

성 령

능 력

성 실

평 안

공 급

유혹에서 도우심

성 령

고린도전서 3:16

너희는 너희가 하나님의 성전인 것과 하나님의 성령이 너희 안에 계시는 것을 알지 못하느냐.

고린도전서 3:16

C-1 하나님을 의뢰함

1. 이 말씀에서 하나님께서는 우리를 무엇이라고 말씀하십니까? 왜 그렇습니까?

2. 성령께서 우리 '안에 계신다'는 것은 무슨 뜻입니까?

3. 예수님을 영접하는 것과 성령을 모시는 것은 서로 다르다고 생각합니까?

4. 당신은 성령께서 당신 안에 계시는 것을 알고 있습니까? 그 근거는 무엇입니까?

5. 하나님의 성전인 우리가 하나님 앞에서 어떠한 상태로 지켜져야 한다고 생각합니까?

[외워 쓰기]

성 령

고린도전서 2:12

우리가 세상의 영을 받지 아니하고 오직 하나님으로부터 온 영을 받았으니, 이는 우리로 하여금 하나님께서 우리에게 은혜로 주신 것들을 알게 하려 하심이라.

고린도전서 2:12

C-2 하나님을 의뢰함

1. 우리가 예수님을 믿을 때 어떤 영을 받았습니까?

2. 성령께서는 우리로 하여금 무엇을 알게 해주십니까?

3. 하나님의 은혜를 알기 위해서 당신은 어떻게 해야 합니까?

4. 성령께서 당신에게 깨닫게 해주신 은혜들은 무엇입니까?

[외워 쓰기]

능 력

이사야 41:10

두려워하지 말라. 내가 너와 함께함이라. 놀라지 말라. 나는 네 하나님이 됨이라. 내가 너를 굳세게 하리라. 참으로 너를 도와주리라. 참으로 나의 의로운 오른손으로 너를 붙들리라.

이사야 41:10

C-3 하나님을 의뢰함

1. 지금까지 당신은 무엇을 두려워했습니까? 두려워했던 것들을 생각나는 대로 적어 보십시오.

2. 우리가 두려워하게 되는 근본 원인은 무엇입니까?

3. 이러한 두려움 가운데 있는 우리에게 하나님께서는 어떤 약속을 해주셨습니까?

4. 지금 당신이 두려워하고 있는 문제는 무엇이며, 이 말씀을 따라 당신은 어떤 적용을 할 수 있습니까?

[외워 쓰기]

능 력

빌립보서 4:13

내게 능력 주시는 자 안에서 내가 모든 것을 할 수 있느니라.

빌립보서 4:13

C-4 하나님을 의뢰함

1. 어려운 환경이나 적응하기 힘든 일이 생길 때 그것을 해결하기 위해 시도하는 당신의 일반적인 반응은 어떤 것입니까? 구체적인 실례를 들어 설명해 보십시오.

실 례	반 응
●생활비가 떨어짐	●즉시 빌려 쓸 생각을 한다. ●있는 물건을 팔아 쓸 것을 생각한다.

2. 이와 같이 우리의 많은 문제들을 해결해 줄 수 있는 능력을 가지신 분은 누구입니까?

3. 1번의 빈칸에 적었던 당신의 문제와 반응을 다시 살펴보고, 당신의 일반적인 반응과 달리 당신이 능력의 하나님 안에서 새롭게 무엇을 할 수 있는지를 적용해 보십시오.

[외워 쓰기]

성 실

예레미야애가 3:22-23

여호와의 인자와 긍휼이 무궁하시므로 우리가 진멸되지 아니함이니이다. 이것들이 아침마다 새로우니 주의 성실하심이 크시도소이다.

예레미야애가 3:22-23

C-5 하나님을 의뢰함

1. 우리의 생각과 행위대로 하나님 앞에 선다면 우리는 마땅히 어떻게 될 수밖에 없겠습니까?

2. 이러한 우리를 하나님께서는 어떻게 대해 주십니까?

3. 우리에 대한 하나님의 성실하심은 일시적인 것입니까, 영속적인 것입니까?

4. 당신이 연약함, 좌절, 실패를 경험할 때 당신은 하나님 앞에서 어떤 확신을 가져야 합니까?

[외워 쓰기]

성 실

민수기 23:19

하나님은 사람이 아니시니 거짓말을 하지 않으시고 인생이 아니시니 후회가 없으시도다. 어찌 그 말씀하신 바를 행하지 않으시며, 하신 말씀을 실행하지 않으시랴.

민수기 23:19

C-6 하나님을 의뢰함

1. 사람들과는 달리 하나님께서는 자기가 하신 말씀에 대해 어떠하신 분이십니까?

2. 하나님께서 자기가 하신 말씀에 대해 후회하지 않으시는 이유는 무엇입니까?

3. 당신은 하나님께서 하신 모든 약속들을 성실히 지키실 것을 믿을 수 있습니까?

4. 당신의 개인 생활이나 사역에서 하나님의 성실하심을 믿고 주장할 수 있는 약속의 말씀을 적어 보십시오.

[외워 쓰기]

평 안

이사야 26:3

주께서 심지가 견고한 자를 평강하고 평강하도록 지키시리니, 이는 그가 주를 신뢰함이니이다.

이사야 26:3

C-7 하나님을 의뢰함

1. 당신은 불안해하며 지낸 적이 자주 있었습니까?

2. 그 불안의 원인은 주로 무엇이라고 생각합니까?

3. '평강하고 평강하도록 지키시리니'라는 말씀은 무슨 의미입니까?

4. 우리가 어떻게 하면 염려와 불안에서 벗어나 지속적인 평강을 유지할 수 있습니까?

5. 심지가 견고하다는 것은 단순히 성격적인 것을 의미합니까? 아니면 하나님을 의뢰하는 믿음을 의미합니까?

6. 근래에 당신의 평강을 잃게 하는 구체적인 내용은 무엇이며, 그것을 해결하기 위해 당신은 무엇을 해야 하겠습니까?

[외워 쓰기]

평 안

베드로전서 5:7

너희 염려를 다 주께 맡기라. 이는 그가 너희를 돌보심이라.

베드로전서 5:7

C-8 하나님을 의뢰함

1. 사람들이 염려를 해결하기 위하여 주로 사용하는 방법들은 무엇입니까?

2. 염려에 대해 그리스도인이 할 수 있는 일은 무엇이며, 하나님께서는 무엇을 해주신다고 했습니까?

3. 우리의 염려를 다 주님께 맡겨 버린다고 하는 것은 실제적으로 어떻게 하는 것입니까? 또 당신이 적용할 내용은 무엇입니까?

한 할머니가 머리에 무거운 짐을 이고 힘들게 길을 가고 있었습니다. 그때 한 사람이 그 모습을 보고 자기 차에 태워 주었습니다. 그러나 이 할머니는 차에 타고서도 여전히 머리에 짐을 이고 있었습니다.

그 모습이 혹시 당신의 모습은 아닙니까?

[외워 쓰기]

공 급

로마서 8:32

자기 아들을 아끼지 아니하시고 우리 모든 사람을 위하여 내주신 이가 어찌 그 아들과 함께 모든 것을 우리에게 주시지 아니하겠느냐.

로마서 8:32

C-9 하나님을 의뢰함

1. 하나님께서 우리를 위하여 아낌없이 주신 가장 귀한 선물은 무엇입니까?

2. 가장 귀한 선물을 주신 하나님께서 당신의 모든 필요에 대해서는 어떻게 하실 것이라고 생각합니까?

3. 당신이 하나님께로부터 은혜로 받은 공급의 경험들을 적어 보십시오.

4. 이 말씀의 약속과 당신의 경험들을 생각해 볼 때, 앞으로의 삶에서 필요한 공급에 대해 당신은 어떠한 확신을 가질 수 있습니까?

[외워 쓰기]

공 급

빌립보서 4:19

나의 하나님이 그리스도 예수 안에서 영광 가운데 그 풍성한 대로 너희 모든 쓸 것을 채우시리라.

빌립보서 4:19

C-10 하나님을 의뢰함

1. 사람들은 일반적으로 경제적인 필요가 생길 때 어떻게 합니까?

2. 당신의 모든 필요는 누가 채워 주신다고 약속했습니까?

3. 당신에게 필요한 것이 채워지지 않는 이유는 무엇이라고 생각합니까?

4. 공급에 대해 하나님을 의뢰하지 못하고 실패했던 경험을 적어 보고, 앞으로의 새로운 적용을 해보십시오.

하나님께서는 우리의 필요를 공급해 주시는 데에 인색하지도 가난하지도 않으십니다. 하나님의 공급에 문제가 있는 것이 아니라 당신의 필요에 문제가 있는 것입니다.

[외워 쓰기]

유혹에서 도우심

히브리서 2:18

그가 시험을 받아 고난을 당하셨은즉 시험받는 자들을 능히 도우실 수 있느니라.

히브리서 2:18

C-11 하나님을 의뢰함

1. 예수님께서 이 땅에 계실 때 받은 시험의 예들을 성경에서 찾아 적어 보십시오.

2. 예수님께서는 시험받는 당신의 어려움을 잘 이해하시고 도와주신다고 생각합니까?

3. 당신이 시험을 당할 때에 예수님의 도우심을 받으려면 어떻게 해야 합니까?

[외워 쓰기]

유혹에서 도우심

시편 119:9,11

청년이 무엇으로 그의 행실을 깨끗하게 하리이까. 주의 말씀만 지킬 따름이니이다. 내가 주께 범죄하지 아니하려 하여 주의 말씀을 내 마음에 두었나이다.

시편 119:9,11

C-12 하나님을 의뢰함

1. 청년들이 주로 당하는 유혹들은 무엇입니까?

2. 유혹에서 승리하고 자기를 깨끗하게 지키기 위한 가장 확실한 방법은 무엇입니까?

3. 말씀을 마음에 두기 위한 방법에는 어떤 것이 있다고 생각합니까?

4. 당신이 근래에 당하고 있는 시험은 무엇이며, 그 시험을 이길 수 있는 말씀은 무엇입니까?

[외워 쓰기]

여호와는 나의 목자시니 내게 부족함이 없으리로다. 내 평생에 선하심과 인자하심이 반드시 나를 따르리니, 내가 여호와의 집에 영원히 살리로다.

시리즈 D.

그리스도 제자의 자격

그리스도를 첫자리에 모심

죄에서 떠남

견고함

다른 사람을 섬김

후히 드릴 것

세계 비전

그리스도를 첫자리에 모심

마태복음 6:33
그런즉 너희는 먼저 그의 나라와 그의 의를 구하라. 그리하면 이 모든 것을 너희에게 더하시리라.

마태복음 6:33

D-1 그리스도 제자의 자격

1. 세상 사람들은 주로 무엇을 먼저 구하고 있습니까?

2. 그리스도인들이 우선순위를 두고 구해야 할 것은 무엇입니까?

3. 그리스도 중심으로 사는 사람에게 주님께서는 무엇을 약속하셨습니까?

4. '이 모든 것'은 무엇을 의미합니까?

5.

6. 위의 구절을 통하여 당신이 발견할 수 있는 그리스도 제자의 자격은 무엇이며, 또한 당신이 적용할 수 있는 것은 무엇입니까?

[외워 쓰기]

※ 시리즈 D부터는 각 구절에 대하여 번호만 있는 질문란이 제시되어 있습니다. 이것은 자신이 스스로의 묵상을 위한 질문을 만들어 보고 답해 봄으로써 개인적인 묵상을 발전시키는 훈련을 하도록 하기 위한 것입니다.

그리스도를 첫자리에 모심

누가복음 9:23

또 무리에게 이르시되, 아무든지 나를 따라오려거든 자기를 부인하고 날마다 제 십자가를 지고 나를 따를 것이니라.

누가복음 9:23

D-2 그리스도 제자의 자격

1. 예수님께서는 특정한 몇 사람만 제자가 되기를 원하십니까, 아니면 모든 사람이 제자가 되기를 원하십니까?

2. 주님을 따르는 자에게 예수님께서 요구하신 것이 무엇인지 기록하고, 그 의미를 설명해 보십시오.

(1)

(2)

(3)

3.

4. 당신이 주님을 첫자리에 모시고 따르는 데 가장 큰 방해 요소는 무엇입니까? 그것에 대해 당신은 어떤 적용을 하겠습니까?

주님께서는 우리가 상상할 수 있는 어떤 위대함보다도 더욱 존귀하신 분이십니다.

[외워 쓰기]

죄에서 떠남

요한일서 2:15-16
이 세상이나 세상에 있는 것들을 사랑하지 말라. 누구든지 세상을 사랑하면 아버지의 사랑이 그 안에 있지 아니하니, 이는 세상에 있는 모든 것이 육신의 정욕과 안목의 정욕과 이생의 자랑이니, 다 아버지께로부터 온 것이 아니요 세상으로부터 온 것이라.
요한일서 2:15-16

D-3 그리스도 제자의 자격

1. 하나님께서는 세상에 대한 우리의 태도가 어떠해야 된다고 말씀하셨습니까?

2. 우리가 세상을 사랑하면서 하나님을 사랑할 수 있겠습니까?

3.

4. 우리가 경계해야 할 '세상으로부터 온' 욕심은 무엇이며, 당신의 삶의 변화를 위한 적용은 무엇입니까?

[외워 쓰기]

죄에서 떠남

로마서 12:2

너희는 이 세대를 본받지 말고 오직 마음을 새롭게 함으로 변화를 받아 하나님의 선하시고 기뻐하시고 온전하신 뜻이 무엇인지 분별하도록 하라.

로마서 12:2

D-4 그리스도 제자의 자격

1. 당신 개인의 삶에 가장 크게 도전해 오는 이 세대의 영향 또는 그 매개체는 무엇입니까?

2. 하나님께서는 죄악 된 세상에 살고 있는 우리에게 어떠한 삶을 살기를 원하십니까?

3.

4. 우리가 어떤 상태에 있을 때 하나님의 온전하신 뜻을 분별할 수 있습니까?

5. 우리가 죄로부터 떠난 삶을 사는 데에 도움이 되는 두세 개의 다른 성경 구절들을 찾아보십시오.

[외워 쓰기]

견고함

고린도전서 15:58

그러므로 내 사랑하는 형제들아, 견실하며 흔들리지 말고 항상 주의 일에 더욱 힘쓰는 자들이 되라. 이는 너희 수고가 주 안에서 헛되지 않은 줄 앎이라.

고린도전서 15:58

D-5 그리스도 제자의 자격

1. 우리의 견고한 삶의 기초는 무엇입니까? (고린도전서 15장의 내용을 참조하십시오.)

2. 세상에서 오는 어려움들을 흔들리지 않는 믿음으로 견디고 주님의 일에 더욱 힘쓴 자에게는 어떤 약속이 주어졌습니까?

3.

4. 당신이 지금 제자의 삶을 지속하기 어려운 감정 또는 환경 가운데 있다면 그것을 어떻게 극복할 수 있겠습니까?

5. 디모데후서 2:9-13, 4:7-8, 디모데전서 6:15-19, 히브리서 11:33-40의 말씀들을 읽어 보고, 당신이 받은 격려와 축복이 무엇인지 적어 보십시오.

[외워 쓰기]

견고함

히브리서 12:3

너희가 피곤하여 낙심하지 않기 위하여 죄인들이 이같이 자기에게 거역한 일을 참으신 이를 생각하라.

히브리서 12:3

D-6 그리스도 제자의 자격

1. 우리를 피곤하게 하고 낙심하게 하는 것들은 무엇입니까?

2.

3. 히브리서 12:2을 읽고 예수님께서 당하신 어려움이 무엇이며 그것을 어떻게 극복하셨는지 적어 보십시오.

4. 당신이 그리스도의 제자로 이 세상을 살아가는 동안 부당한 취급, 몰이해, 또는 어떤 고난을 당할 때 그것을 어떻게 극복할 수 있겠습니까?

[외워 쓰기]

다른 사람을 섬김

마가복음 10:45

인자가 온 것은 섬김을 받으려 함이 아니라 도리어 섬기려 하고 자기 목숨을 많은 사람의 대속물로 주려 함이니라.

마가복음 10:45

D-7 그리스도 제자의 자격

1. 세상 사람들이 지위가 높아지면 높아질수록 그에게 약점이 될 수 있는 삶의 영역은 무엇입니까?

2. 그러나 하나님이신 예수님께서는 우리를 어떻게 섬기셨습니까?

3.

4. 최근에 당신이 섬길 수 있는 기회에 섬기지 않은 경험은 무엇이며, 이에 대해 당신의 새로운 적용은 무엇입니까?

> 예수님의 섬기신 삶으로 우리가 구원받고 풍성한 삶을 누리게 된 것같이, 우리의 섬김은 다른 사람을 구원받게 하고 또한 풍성한 삶을 누리게 해줍니다.

[외워 쓰기]

다른 사람을 섬김

고린도후서 4:5

우리는 우리를 전파하는 것이 아니라 오직 그리스도 예수의 주 되신 것과 또 예수를 위하여 우리가 너희의 종 된 것을 전파함이라.

고린도후서 4:5

D-8 그리스도 제자의 자격

1. 어떻게 하는 것이 자기 자신을 전파하는 것입니까?

2. 우리가 전파해야 할 것은 무엇입니까?

3.

4. 다음 말씀들을 묵상해 보고 당신 자신의 섬김의 삶에 대한 최소한 한 가지의 도전과 적용을 적어 보십시오. (사도행전 27:31-28:6, 고린도전서 9:18-23, 고린도후서 12:15, 데살로니가전서 2:6-9, 골로새서 1:28-29)

[외워 쓰기]

후히 드릴 것

잠언 3:9-10

네 재물과 네 소산물의 처음 익은 열매로 여호와를 공경하라. 그리하면 네 창고가 가득히 차고 네 포도즙 틀에 새 포도즙이 넘치리라.

잠언 3:9-10

D-9 그리스도 제자의 자격

1. '처음 익은 열매'로 하나님을 공경하는 것이 왜 중요하다고 생각합니까?

2. 재물과 소산물의 처음 익은 열매를 아까워하지 아니하고 하나님께 후히 드리는 삶을 사는 사람에게 하나님께서는 어떤 축복을 약속하셨습니까?

3.

어떤 사람은 자기 수입을 아무런 계획 없이 즉흥적으로 쓰며 살아갑니다. 또 어떤 사람은 자기 수입에 대해 빈틈없는 계획과 관리를 하며 살아갑니다. 그러나 가장 지혜로운 삶을 사는 사람은 후히 드림으로 하나님의 약속을 경험하며 사는 사람입니다.

[외워 쓰기]

후히 드릴 것

고린도후서 9:6-7

이것이 곧 적게 심는 자는 적게 거두고 많이 심는 자는 많이 거둔다 하는 말이로다. 각각 그 마음에 정한 대로 할 것이요 인색함으로나 억지로 하지 말지니 하나님은 즐겨 내는 자를 사랑하시느니라.

고린도후서 9:6-7

D-10 그리스도 제자의 자격

1. 이 구절은 드리는 삶에 대해 심고 거두는 원리로 말씀하고 있습니다. 다음 중 헌금에 있어서의 올바른 태도는 무엇입니까?
   (1) 심지 않고 많이 거두기를 원한다.
   (2) 적게 심고 많이 거두기를 원한다.
   (3) 즉시 거둘 것을 기대하며 심는다.
   (4) 믿음으로 심고 감사한다.
   (5) 많이 심되 아까워하며 심는다.
   (6) 심은 것에 대해 계속 생각하며 후회한다.
   (7) 다른 사람을 의식하며 심는다.
   (8) 계획성 있게 준비하여 심는다.
   (9) 경쟁적으로 심는다.
   (10) 심는 것보다 당장 쓸 것이 급하다.

2.

3. 이 말씀을 통해 당신은 드리는 삶에서 어떤 새로운 적용을 할 수 있습니까?

[외워 쓰기]

세계 비전

사도행전 1:8

오직 성령이 너희에게 임하시면 너희가 권능을 받고 예루살렘과 온 유대와 사마리아와 땅 끝까지 이르러 내 증인이 되리라 하시니라.

사도행전 1:8

D-11 그리스도 제자의 자격

1. 하나님께서는 누구에게 권능을 주십니까?

2. 당신은 당신 안에 성령께서 임하신 것을 확신할 수 있습니까?

3. 성령을 받은 사람은 무엇을 해야 합니까?

4.

5. 그리스도의 증인은 어떤 비전을 가져야 합니까?

6. 세계 비전의 성취를 위하여 당신이 처음 출발할 수 있는 당신의 예루살렘은 어디라고 생각합니까?

그리스도의 증인이란 예수님에 대해 변호사처럼 변호해야 하는 것도 아니고, 달변적 설교를 할 수 있어야 하는 것도 아니며, 논리적 변론으로 상대방을 설득시켜야만 되는 것도 아닙니다. 그는 자기가 보고 들은 사실을 있는 그대로 전하는 사람입니다.

[외워 쓰기]

세계 비전

마태복음 28:19-20

그러므로 너희는 가서 모든 민족을 제자로 삼아 아버지와 아들과 성령의 이름으로 세례를 베풀고, 내가 너희에게 분부한 모든 것을 가르쳐 지키게 하라. 볼지어다. 내가 세상 끝 날까지 너희와 항상 함께 있으리라 하시니라.

마태복음 28:19-20

D-12 그리스도 제자의 자격

1. '그러므로'는 앞의 어떤 내용과 연관되어 있습니까?

2. 우리가 지상사명의 성취를 위하여 헌신할 때 능력의 주님께서는 우리에게 어떻게 해주시겠다고 약속하셨습니까?

3. 우리가 그리스도의 제자로 삼아야 할 대상은 누구입니까?

4.

5. 세계 비전을 가진 당신이 현재의 위치에서 할 수 있는 일은 무엇입니까?

"내가 너로 큰 민족을 이루고 네게 복을 주어 네 이름을 창대하게 하리니, 너는 복이 될지라. 너를 축복하는 자에게는 내가 복을 내리고 너를 저주하는 자에게는 내가 저주하리니, 땅의 모든 족속이 너로 말미암아 복을 얻을 것이라." (창세기 12:2-3)

"네가 나의 종이 되어 야곱의 지파들을 일으키며 이스라엘 중에 보전된 자를 돌아오게 할 것은 매우 쉬운 일이라. 내가 또 너를 이방의 빛으로 삼아 나의 구원을 베풀어서 땅 끝까지 이르게 하리라." (이사야 49:6)

[외워 쓰기]

시리즈 E.

그리스도를 닮아 감

사 랑

겸 손

순 결

정 직

믿 음

선 행

사 랑

요한복음 13:34-35

새 계명을 너희에게 주노니 서로 사랑하라. 내가 너희를 사랑한 것같이 너희도 서로 사랑하라. 너희가 서로 사랑하면 이로써 모든 사람이 너희가 내 제자인 줄 알리라.

요한복음 13:34-35

E-1 그리스도를 닮아 감

1. 예수님께서 우리에게 주신 명령은 무엇입니까?

2. 우리는 어떠한 수준으로 사랑해야 합니까?

3. 예수님께서는 우리를 어떻게 사랑하셨습니까?

4. 사람들은 우리가 예수님의 제자인 것을 무엇으로 알게 됩니까?

5.

6. 예수님의 사랑의 인격을 닮기 위하여 당신이 시도해 볼 수 있는 것은 무엇입니까?

[외워 쓰기]

사 랑

요한일서 3:18

자녀들아, 우리가 말과 혀로만 사랑하지 말고 행함과 진실함으로 하자.

요한일서 3:18

E-2 그리스도를 닮아 감

1. 근래의 당신의 삶 속에서 사랑을 실천해야 할 기회에 말과 혀로만 그친 경험이 있습니까? 실례를 적어 보십시오.

2. 진실함으로 사랑한다는 것은 어떻게 하는 것입니까?

3.

4. 당신의 생활권에서 자주 만나는 사람들 중 사랑의 실천이 어려운 대상은 누구입니까? 이에 대해 어떠한 변화가 있어야 되겠습니까?

말과 혀로 주위 사람들의 마음에 깊은 상처를 주는 사람도 있습니다. 또 말과 혀로는 사랑하지만 행함이 없는 사람도 있습니다. 그러나 그리스도의 제자는 말과 혀로만이 아니라 사랑을 실천하는 사람입니다.

[외워 쓰기]

겸 손

빌립보서 2:3-4

아무 일에든지 다툼이나 허영으로 하지 말고 오직 겸손한 마음으로 각각 자기보다 남을 낫게 여기고, 각각 자기 일을 돌볼 뿐더러 또한 각각 다른 사람들의 일을 돌보아 나의 기쁨을 충만하게 하라.

빌립보서 2:3-4

E-3 그리스도를 닮아 감

1. 어떤 일을 할 때 서로 의견이 다를 수는 있습니다. 그러나 다투기까지 하는 것은 옳지 않습니다. 우리가 왜 다투게 된다고 생각합니까?

2. 무슨 일을 허영으로 한다는 것은 어떤 것입니까? 실례를 들어 설명해 보십시오.

3.

4. 우리가 자기보다 남을 낫게 여겨야 하는 이유는 무엇입니까?

5. 대개의 사람들은 자기 일에 대해서는 큰 관심을 가지고 있습니다. 그러나 겸손한 사람은 어떻게 해야 합니까?

[외워 쓰기]

겸 손

베드로전서 5:5-6
젊은 자들아, 이와 같이 장로들에게 순종하고 다 서로 겸손으로 허리를 동이라. 하나님은 교만한 자를 대적하시되 겸손한 자들에게는 은혜를 주시느니라. 그러므로 하나님의 능하신 손 아래에서 겸손하라. 때가 되면 너희를 높이시리라.

베드로전서 5:5-6

E-4 그리스도를 닮아 감

1. 하나님께서 젊은 사람들이 배우길 원하시는 영역 중의 하나는 무엇입니까?

2. 영적 지도자에게 어떤 태도를 가져야 합니까?

3. 하나님께서는 교만한 자를 싫어하시는 정도가 아니라 대적하신다고 했습니다. 하나님께서 대적하신다는 것은 어떻게 하는 것이며, 왜 그렇게 하신다고 생각합니까?

4. 겸손한 자에게 주시는 하나님의 약속은 무엇입니까?

5.

급하게 높아지려고 애쓰는 사람은 많은 사람을 괴롭힌 후 급하게 낮아집니다.

[외워 쓰기]

순 결

에베소서 5:3

음행과 온갖 더러운 것과 탐욕은 너희 중에서 그 이름조차도 부르지 말라. 이는 성도에게 마땅한 바니라.

에베소서 5:3

E-5 그리스도를 닮아 감

1. 우리가 범할 수 있는, 순결치 못한 죄는 어떤 것들입니까?

2. 하나님께서는 그리스도인에게 어떠한 수준의 순결한 삶을 요구하고 계십니까?

3.

4. 불경건한 비디오와 영화, 인터넷 사이트, 동료들간의 저속하고 순결치 못한 말 등에 대해, 또는 직면한 유혹의 환경에서 당신은 어떤 결단을 내려야 합니까?

생각은 행동을 낳고, 행동은 운명을 결정한다.

[외워 쓰기]

순 결

베드로전서 2:11

사랑하는 자들아, 거류민과 나그네 같은 너희를 권하노니 영혼을 거슬러 싸우는 육체의 정욕을 제어하라.

베드로전서 2:11

E-6 그리스도를 닮아 감

1. 이 땅에서 우리의 삶은 무엇과 같다고 했습니까?

2. 거류민과 나그네들이 받기 쉬운 유혹은 무엇입니까?

3. 육체의 정욕이 우리 삶에 끼치는 해악은 무엇입니까?

4.

5. 영혼을 거스르는 육체의 정욕을 제어하기 위하여 당신이 시도할 수 있는 실제적인 방법들은 무엇입니까?
예) 성경 암송

그리스도인의 모임 안에서는 누구나 경건할 수 있습니다. 그러나 혼자 있을 때의 당신의 상태가 당신의 참모습입니다.

[외워 쓰기]

정 직

레위기 19:11
너희는 도둑질하지 말며, 속이지 말며, 서로 거짓말하지 말며.

레위기 19:11

E-7 그리스도를 닮아 감

1. 이 말씀에서 정직한 삶을 위하여 하나님께서 명하신 내용은 무엇입니까?

2. 사람들이 왜 도둑질하고 속이고 거짓말하게 된다고 생각합니까?
도둑질 :

속임 :

거짓말 :

3.

4. 당신이 어떻게 하면 이러한 부정직에서 떠날 수 있다고 생각합니까?

- 하나님의 명령임을 기억함으로
- 부정직의 결말을 앎으로
-
-
-
-

5. 당신이 근래에 자주 실패하는 부정직의 영역은 무엇이며, 이에 대해 어떤 적용을 할 수 있습니까?

[외워 쓰기]

정 직

사도행전 24:16

이것으로 말미암아 나도 하나님과 사람에 대하여 항상 양심에 거리낌이 없기를 힘쓰나이다.

사도행전 24:16

E-8 그리스도를 닮아 감

1. 바울의 정직의 수준은 어떠하였습니까?

2.

3. 정직은 계발될 수 있는 것이라고 생각합니까? 그 이유는 무엇입니까?

4. 당신의 정직을 계발하기 위하여 당신은 무엇을 하겠습니까?

[외워 쓰기]

믿 음

히브리서 11:6

믿음이 없이는 하나님을 기쁘시게 하지 못하
나니, 하나님께 나아가는 자는 반드시 그가 계
신 것과 또한 그가 자기를 찾는 자들에게 상 주
시는 이심을 믿어야 할지니라.

히브리서 11:6

E-9 그리스도를 닮아 감

1. 하나님을 기쁘시게 하는 데 있어서 반드시 있어야 될 것은 무엇입니까?

2. 그리스도인의 삶에서 믿음과 관계없이 행할 수 있는 일들은 무엇이라고 생각합니까?

3. 아래 내용들의 의미를 설명해 보십시오.

   '그가 계신 것과' :

   '자기를 찾는' :

   '상 주시는' :

4.

5. 성경에서 믿음으로 하나님을 기쁘시게 한 사람들의 예를 들고 당신이 배운 바를 설명해 보십시오.

하나님의 인격적 존재와 통치와 동행하심을 믿으며 또한 하나님을 간절한 마음으로 찾는 자에게는 반드시 갚아 주시는 것을 믿을 때에 수준 높은 순종이 가능하게 됩니다.

[외워 쓰기]

믿 음

로마서 4:20-21

믿음이 없어 하나님의 약속을 의심하지 않고, 믿음으로 견고하여져서 하나님께 영광을 돌리며, 약속하신 그것을 또한 능히 이루실 줄을 확신하였으니.

로마서 4:20-21

E-10 그리스도를 닮아 감

1. 이 말씀과 연관된 인물은 누구이며, 그가 처한 상황과 그가 믿은 약속은 무엇이었습니까?

2. 견고한 믿음은 어떠한 결과를 가져옵니까?

3. 약속 성취에 대한 흔들리지 않는 견고한 믿음의 기초는 약속 그 자체에 두어야 합니까, 아니면 그 약속을 하신 하나님께 두어야 합니까?

4.

5. 지금까지 당신의 믿음을 흔들리게 하는 요인들은 무엇이었습니까?

6. 당신의 믿음에 대한 새로운 적용은 무엇입니까?

[외워 쓰기]

선 행

갈라디아서 6:9-10

우리가 선을 행하되 낙심하지 말지니 포기하지 아니하면 때가 이르매 거두리라. 그러므로 우리는 기회 있는 대로 모든 이에게 착한 일을 하되 더욱 믿음의 가정들에게 할지니라.

갈라디아서 6:9-10

E-11 그리스도를 닮아 감

1. 당신이 선을 행할 때에 낙심하게 되거나 포기하게 되는 이유는 무엇입니까?

2. 당신은 선행의 결과에 대하여 어떤 믿음을 가져야 합니까?

3. 우리의 선행의 대상은 누구입니까?

4. 우리는 왜 믿음의 가정들에게 더욱 선을 행해야 합니까?

5.

선을 행하는 것은 농부가 씨를 뿌리는 것과 같습니다. 씨를 뿌린 후에는 조급해하지 말고 때를 기다릴 줄 알아야 합니다.

[외워 쓰기]

선 행

마태복음 5:16

이같이 너희 빛이 사람 앞에 비치게 하여 그들로 너희 착한 행실을 보고 하늘에 계신 너희 아버지께 영광을 돌리게 하라.

마태복음 5:16

E-12 그리스도를 닮아 감

1. 세상의 빛으로서 그리스도인이 해야 할 빛의 역할은 무엇입니까?

2. 세상 사람들은 그리스도인의 무엇에 매력을 느낍니까? 그 결과는 무엇입니까?

3.

4. 당신이 자기를 드러내지 않고 하나님께 영광을 돌릴 수 있는 선행으로는 어떤 것이 있습니까?

먹구름이 걷히면 태양의 영광이 찬란하게 비칩니다. 그리스도인의 자아는 먹구름처럼 그리스도의 영광을 가립니다. 그러나 자기를 부인하고 희생하는 선행은 그리스도의 영광을 찬란하게 드러내게 됩니다.

[외워 쓰기]

지금까지 당신은 주제별 성경 암송 60구절에 대한 묵상과 적용 중심의 성경공부를 해왔습니다. 앞으로 개인적으로 암송할 성경 구절들도 이와 같이 스스로 묵상하고 적용한다면 말씀에 더욱 깊이 있게 뿌리를 내리게 되며 영적 성장에 큰 도움이 될 것입니다.

MEMO

MEMO

묵상을 통한 주제별 60구절 공부 (개역개정판)

2010년 6월 28일 초판 1쇄 발행
2023년 4월 10일 초판 5쇄 발행

펴낸곳: 네비게이토 출판사 ©
주소: 03784 서울시 서대문구 연희로 16 (창천동)
전화: 334-3305(대표), 334-3037(주문), FAX: 334-3119
홈페이지: http://navpress.co.kr
출판등록: 제10-111호(1973년 3월 12일)

ISBN 978-89-375-0382-5 03230